histoires pour enfants musulmans

Des histoires inspirantes pour les enfants, où le courage, la confiance en soi et la force intérieure sont mis en lumière, les transportant dans des aventures captivantes.

Histoires pour enfants musulmans

Mustapha Amine

Edition 2023

ISBN; 9798851024276

©2023 Mustapha Amine

Ce livre est protégé par les lois sur le droit d'auteur. Tous droits réservés. Aucune partie de cet ouvrage ne peut être reproduite, stockée ou transmise, sous quelque forme que ce soit, sans l'autorisation préalable écrite de l'auteur ou de l'éditeur.

Préface

Chers petits lecteurs aventuriers, bienvenue dans un livre rempli d'histoires inspirantes !

Ici, tu vas découvrir des histoires extraordinaires mettant en scène des enfants musulmans qui te transporteront dans des univers merveilleux. Ces histoires vont te donner de l'énergie, t'inspirer et te montrer à quel point tu peux être spécial.

À travers ces pages, tu vas rencontrer des personnages qui ont des rêves et des défis à relever, tout comme toi. Tu verras comment ils trouvent des solutions créatives aux problèmes et comment ils aident les autres.

Alors, ouvre ce livre avec enthousiasme, laisse ton imagination te transporter dans des endroits merveilleux et laisse ton cœur être rempli d'émotions. Ces histoires sont là pour te montrer que tu es spécial et que tu peux faire de grandes choses.

Sommaire

Ines et la Compassion Divine..................….…6

L'Humour Multiculturel d'Ahmed............….…12

Les Farces d'Amina.................................18

Les Gardiens du Lait...............................22

Motivation 1.......................…………..….…..25

La Sagesse Naturelle de Sara.......................26

Adam, un Héros au Grand Cœur....................32

Youssouf et l'Océan Émerveillant................…..36

Le brillant chemin de Sofiane..................…...40

Motivation 2................................…....…..47

Khadija, L'étoile brillante 48

Yasmine et Assil au supermarché……………..……56

Les frères jumeaux………………………………….62

Le Triomphe de la Fratrie………………..……..68

Motivation 3……………………………...…….75

Les Pas Courageux de Yaniss…………………..76

Le Chemin d'Obéissance…………………….82

Motivation 4………………………………....87

Badis, La Vérité Inspirante……….….…….88

Amina, La Prudence Éclairée………………94

Leila, l'étoile bienveillante ……..………….100

Ines et la Compassion Divine

Il était une fois, dans un doux foyer empreint de respect et de chaleur, vivait la petite Ines, une fille curieuse au cœur rempli d'émerveillement.

Un soir, alors qu'ils étaient tous réunis dans le salon, Ines partagea avec enthousiasme une histoire du prophète Mohammed (paix soit sur lui) qui l'avait profondément touchée. Sa famille l'écouta avec attention, désireuse d'en apprendre davantage.

Ines commença : "Savez-vous, il y a une histoire merveilleuse du prophète Mohammed (paix soit sur lui) qui montre sa compassion et sa gentillesse envers les animaux. Cela me rappelle combien il est important de respecter et de prendre soin de toutes les créatures d'Allah."

Son père, Ahmed, sourit et dit: "Raconte-nous cette histoire, ma chérie, nous sommes impatients de l'entendre et d'en tirer des leçons précieuses."

Ines prit une profonde inspiration et continua: "Un jour, un chameau manifesta sa souffrance devant le prophète en raison des mauvais traitements infligés par son propriétaire. Sensible à la détresse de l'animal, le prophète Mohammed (paix sur lui) prit l'initiative de lui apporter réconfort et apaisement."

Karim, le frère d'Ines, s'exclama : "C'est incroyable de voir comment le prophète Mohammed (paix soit sur lui) avait une telle compassion envers les animaux. Cela nous rappelle que nous devons être bons envers toutes les créatures vivantes."

Ines acquiesça et continua : "Exactement, Karim. Cette histoire nous enseigne l'importance de la bienveillance envers les animaux et de traiter toutes les créatures avec respect. Le prophète Mohammed (paix soit sur lui) était un exemple vivant de compassion et d'empathie envers tous les êtres vivants, qu'ils soient grands ou petits."

Sa sœur, Amina, ajouta : "Cela montre également que même les petites actions peuvent avoir un grand impact. En prenant soin d'un simple chameau, le prophète Mohammed (paix soit sur lui) a montré l'importance d'avoir un cœur généreux et attentionné envers les autres, qu'il s'agisse d'humains ou d'animaux."

Ines sourit à sa famille et poursuivit : "Mais cette histoire ne s'arrête pas là. Une fois, le prophète Mohammed (paix soit sur lui) raconta à ses compagnons une histoire d'un prophète dans une époque lointaine, qui avait maltraité une fourmilière, alors Allah lui révéla que c'était injuste ce que avait fait."

Son père, Ahmed, ajouta : "C'est un rappel puissant que nous devons respecter toutes les formes de vie, même les plus petites. Chaque créature a sa place dans l'ordre de l'univers, et notre devoir est de protéger et de préserver cette harmonie."

Ines acquiesça et conclut : "Cette histoire nous rappelle que même à la maison, nous pouvons suivre l'exemple du prophète Mohammed (paix soit sur lui) en montrant de la compassion envers les animaux et en étant attentifs aux besoins des autres. Cela renforce notre connexion avec Allah et nous aide à vivre une vie plus épanouissante et pleine de sens. En suivant ses enseignements, nous pouvons contribuer à créer un monde meilleur pour tous les êtres vivants."

Sa famille sourit et remercia Ines d'avoir partagé cette histoire inspirante. Ils réalisèrent l'importance de suivre les exemples des prophètes dans leur vie quotidienne, en cultivant la compassion, la gentillesse et le respect envers toutes les créatures d'Allah. Ensemble, ils s'engagèrent à mettre en pratique ces enseignements précieux pour faire une différence positive dans le monde qui les entoure.

FIN.

L'Humour Multiculturel d'Ahmed

Dans un quartier animé, vibrant de couleurs et de diversité, vivait un jeune garçon musulman nommé Ahmed. Dès son plus jeune âge, Ahmed était connu pour sa curiosité insatiable et son amour pour l'exploration de son environnement. Les rues sinueuses et les petits commerces du quartier étaient son terrain de jeu préféré. Il y avait toujours quelque chose d'excitant à découvrir.

Un jour ensoleillé, alors qu'Ahmed jouait avec ses amis dans la rue, il remarqua un chien inhabituel qui semblait être en train de courir après sa propre queue. Le chien tournait en rond, essayant désespérément d'attraper ce qui semblait être hors de portée. Ahmed s'approcha du chien pour l'observer de plus près.

Ses amis, intrigués par son intérêt soudain, l'entourèrent en lui demandant pourquoi il était si fasciné par ce chien en particulier. Ahmed sourit malicieusement et dit : "Ce chien me rappelle une histoire que j'ai apprise dans le Coran. C'est l'histoire du Prophète Sulayman (Salomon) et des fourmis."

Ahmed commença à raconter l'histoire captivante du prophète mentionné dans le Coran: « Un jour, alors qu'il se trouvait avec son immense armée, le prophète Sulayman entendit une conversation entre une petite fourmi et ses congénères. Les fourmis étaient terrifiées à l'idée d'être écrasées par l'armée de Sulayman sans qu'il le sache.

Tout comme le chien, les fourmis étaient prises dans un tourbillon de peur et d'incompréhension, ne réalisant pas qu'elles étaient en fait en sécurité. »

Les amis d'Ahmed éclatèrent de rire en imaginant le chien tourner en rond, complètement déconcerté par sa propre quête. Ils décidèrent alors de rejoindre Ahmed dans son amusement.

Ils commencèrent à imiter le chien en courant en cercle, de manière exagérée et comique. Les rires résonnaient dans tout le quartier, créant une atmosphère de joie contagieuse.

Cette petite anecdote amusante d'Ahmed avait réussi à rassembler les enfants du quartier autour d'une histoire commune, créant un lien solide entre eux. Elle avait créé un moment de légèreté et de compréhension mutuelle, montrant que l'humour et la joie peuvent être trouvés même dans les enseignements religieux.

Depuis ce jour-là, Ahmed et ses amis continuèrent à se raconter des histoires amusantes de différentes cultures.

Ils découvraient ainsi les richesses et les merveilles du monde qui les entouraient, tout en renforçant leur amitié et leur connaissance mutuelle.

Et ainsi, dans ce quartier dynamique et multiculturel, les enfants apprirent que l'ouverture d'esprit, le respect des différences et le partage des traditions peuvent créer des liens solides et durables, en rendant la vie plus joyeuse et plus riche.

La nouvelle de cette histoire amusante se répandit rapidement dans tout le quartier, attirant l'attention des enfants voisins. Curieux d'en savoir plus sur cette anecdote hilarante, ils rejoignirent bientôt Ahmed et ses amis pour découvrirent ce nouveau jeu.

Le jeu de "Attrape ta queue" devint rapidement une activité populaire, et tous les enfants du quartier y participèrent avec enthousiasme.

La scène était remplie de rires et de sourires, les enfants courant joyeusement en cercle, imitant le chien de manière exagérée. Au-delà de la simple distraction, ils appréciaient le partage d'une histoire qui avait une signification culturelle et religieuse. Les enfants découvraient que l'humour peut transcender les différences et rapprocher les gens.

Fin.

Les Farces d'Amina

Amina était une jeune fille musulmane pleine d'énergie et d'espièglerie. Elle avait une imagination débordante et aimait inventer des histoires pour divertir sa famille et ses amis.

Un jour, Amina se retrouva dans une situation comique à l'école. Pendant la pause  déjeuner, elle avait emballé son sandwich préféré dans du papier d'aluminium, mais au moment de le déballer, elle réalisa avec stupeur qu'elle avait confondu son sandwich avec celui de sa meilleure amie, Fatima.

Amina se mit à rire de sa propre confusion et, sans hésiter, elle décida de jouer un petit tour à Fatima. Elle se dirigea vers elle en faisant semblant d'être bouleversée et lui dit d'un ton dramatique: "Fatima, tu ne devineras jamais ce qui est arrivé à mon sandwich !"

Fatima, inquiète, demanda: "Qu'est-ce qui s'est passé, Amina ?"

Amina fit mine d'être sérieuse et répondit: "Quand j'ai déballé mon sandwich, je l'ai trouvé... transformé en sandwich volant ! Il a déployé ses petites ailes et s'est envolé dans les airs !"

Fatima écarquilla les yeux, ne sachant pas si elle devait rire ou être étonnée. Amina, voyant sa réaction, éclata de rire et révéla la vérité. Les deux amies se mirent à rire ensemble, partageant leur joie et leur complicité.

Cette petite farce devint rapidement une histoire amusante que les filles racontaient à leurs amis. Amina aimait voir les sourires s'étendre sur les visages des autres enfants et savourait l'occasion de créer des moments de légèreté et de bonheur.

Au fil des années, Amina continua à apporter de la joie et de l'amusement dans la vie de ceux qui l'entouraient. Elle utilisait son esprit vif et son sens de l'humour pour égayer les journées des autres, rappelant à tous  que le rire et la positivité étaient importants, peu importe notre origine. Les farces d'Amina étaient devenues légendaires à l'école.

Chaque année, lors de la journée de l'humour, elle se surpassait pour faire rire ses camarades. Elle préparait des blagues créatives, des devinettes et des sketches improvisés. Ses talents comiques étaient admirés par tous et lui valaient le surnom de "Reine des Farces".

Amina ne se contentait pas de divertir les autres, elle utilisait également son humour pour promouvoir l'inclusion et la gentillesse. Elle veillait à ne jamais blesser les sentiments des autres avec ses farces et encourageait tout le monde à être respectueux et bienveillant.

La joyeuse réputation d'Amina se répandit bien au-delà de l'école. Les adultes de la communauté musulmane l'invitaient souvent à animer des événements et à divertir les familles lors de fêtes et de célébrations.

FIN.

Les Gardiens du Lait

Wassim était un jeune garçon musulman très énergique et toujours prêt à relever de nouveaux défis. Un jour, sa mère lui demanda de se rendre à l'épicerie du coin pour acheter du lait. Wassim, avec son imagination débordante, décida de transformer cette simple tâche en une aventure passionnante.

Il enfila sa cape imaginaire, se mit un chapeau de cow-boy et prit son fidèle vélo pour se lancer dans sa quête du lait.

Alors qu'il roulait dans la rue, il rencontra ses amis, qui se joignirent à lui dans cette folle aventure. Ils formèrent une équipe de super-héros appelée "Les Gardiens du Lait".

Leur mission était simple: s'assurer que le lait de l'épicerie atteigne leur quartier en toute sécurité. Wassim était le chef de l'équipe, portant fièrement son badge de "Capitaine du Lait".

Ils pédalèrent à toute vitesse, faisant des acrobaties sur leurs vélos et sautant par-dessus les obstacles imaginaires. Wassim criait des slogans inspirants comme "Le lait est notre pouvoir !".

Arrivés à l'épicerie, ils firent face à leur plus grand défi : choisir le bon carton de lait parmi toutes les options. Ils examinaient attentivement les étiquettes, s'assurant que le lait était frais et savoureux.

Après avoir sélectionné le meilleur carton de lait, ils le protégèrent comme s'il s'agissait d'un trésor précieux. Ils le placèrent dans un sac spécial de "protection laitière" et le ramenèrent chez eux en triomphateurs.

retour chez Wassim, ils partagèrent le lait avec des biscuits et se félicitèrent d'avoir accompli leur mission avec succès. Ils étaient fiers de leur aventure héroïque et se promirent de se retrouver pour de nouvelles missions palpitantes.

FIN.

Motivation 1

« Crois en toi-même! »

« Cher jeune confiant! Tu es spécial et capable de grandes choses ! Crois en toi, en tes capacités et en tes talents uniques. Rappelle-toi que tu es important et que tu peux réaliser de belles choses. »

La Sagesse Naturelle de Sara

Sara était une jeune fille musulmane pleine de détermination et de foi. Elle avait une profonde connexion avec la nature et aimait passer du temps à l'extérieur, à explorer les merveilles de la création d'Allah.

Un jour, Sara décida de partir en excursion dans une magnifique forêt verdoyante.

Alors qu'elle marchait sur le sentier, elle remarqua un groupe d'oiseaux perchés sur une branche d'arbre. Ils semblaient chanter en chœur, remplissant l'air de mélodies harmonieuses.

Cet instant magique rappela à Sara une histoire du prophète Soulayman (Salomon) et de son don unique de comprendre le langage des oiseaux. Elle se souvint de la façon dont le prophète Soulayman utilisait cette capacité pour rassembler les oiseaux et les animaux afin de les conseiller et de répandre la sagesse d'Allah.

Inspirée par ce souvenir, Sara se mit à observer les oiseaux avec un nouveau regard. Elle les écoutait attentivement, essayant de discerner les messages qu'ils pouvaient transmettre. Même si elle ne comprenait pas leur langue, elle ressentait une profonde connexion avec ces créatures.

Soudain, un oiseau vint se poser sur une branche à proximité de Sara. Il inclina la tête de côté et la regarda avec curiosité, comme s'il voulait lui dire quelque chose. Intriguée, Sara sourit à l'oiseau et lui dit doucement : "Je t'écoute, cher ami à plumes. Que voudrais-tu me dire ?"

L'oiseau émit un doux gazouillis et sembla l'encourager à le suivre. Sara comprit. Elle décida de le suivre, se laissant guider par l'oiseau à travers les sentiers de la forêt.

Ils finirent par arriver à un petit étang paisible entouré de magnifiques nénuphars. Sara s'assit au bord de l'eau et écouta attentivement les sons de la nature qui l'entouraient. Les chants des oiseaux, le murmure du vent dans les arbres et le doux clapotis de l'eau créaient une symphonie apaisante.

Pleine de confiance et de joie, Sara se pencha au-dessus de l'étang et plongea sa main dans l'eau. Elle observa les petits poissons nager autour de ses doigts et murmura une invocation de gratitude et de reconnaissance à Allah pour la beauté et l'harmonie de la nature.

Soudain, l'oiseau qui l'avait guidée se posa sur sa main, comme s'il voulait partager un message avec elle. Sara fixa ses yeux sur les yeux de l'oiseau et ressentit une connexion profonde.

À ce moment-là, Sara comprit que la nature était un livre vivant, rempli de leçons et de rappels d'Allah. Chaque branche, chaque fleur, chaque animal portait en lui un signe de la grandeur divine.

Depuis ce jour-là, Sara continua à explorer la nature avec émerveillement et gratitude. Elle s'immergea dans les récits des prophètes, en tirant des leçons de leurs interactions avec la nature et en se rappelant que chaque créature avait un rôle précieux dans l'ordre divin.

Sara partagea ses expériences avec sa famille et ses amis, les encourageant à s'ouvrir aux merveilles de la création et à cultiver un amour profond pour la nature. Elle était devenue une source d'inspiration pour ceux qui l'entouraient, les incitant à reconnaître les signes d'Allah dans chaque brise, chaque rayon de soleil et chaque créature vivante.

FIN.

Adam, un Héros au Grand Cœur

Vivait avec sa famille dans une petite ville paisible, Adam était très curieux et aimait lire des histoires sur les prophètes mentionnés dans le Coran. Il était fasciné par la sagesse et le courage dont ils faisaient preuve face à l'adversité.

Un jour, alors qu'Adam se promenait dans un parc, il remarqua un groupe d'enfants qui maltraitaient un petit animal. Son cœur se serra et il se rappela l'histoire du prophète Mohammed (paix soit sur lui) qui avait toujours été compatissant envers toutes les créatures de Dieu.

Adam s'approcha des enfants et leur demanda doucement d'arrêter de faire du mal à l'animal. Il expliqua comment le prophète Mohammed (paix soit sur lui) avait exprimé son amour et son respect pour tous les êtres vivants, y compris les animaux.

Les enfants écoutèrent attentivement les paroles d'Adam et réalisèrent qu'ils agissaient de manière injuste. Ils s'excusèrent auprès de l'animal et promirent de ne plus lui faire de mal.

Adam se sentit heureux d'avoir pu faire une différence et de protéger une créature innocente, tout comme le prophète Mohammed (paix soit sur lui) l'avait fait. Il se rappela également l'histoire du prophète Ibrahim qui était connu pour sa gentillesse envers les voyageurs et les étrangers.

Quelque temps plus tard, Adam et sa famille se rendirent dans un centre d'accueil pour les réfugiés où ils rencontrèrent une famille nouvellement arrivée. Les enfants de cette famille semblaient tristes et effrayés. Adam se souvint de l'histoire du prophète Ibrahim qui avait accueilli des invités avec générosité, même s'il ne les connaissait pas.

Il se rapprocha des enfants réfugiés et commença à leur parler doucement, essayant de leur faire sentir qu'ils étaient les bienvenus.

Peu à peu, les enfants commencèrent à sourire et à s'ouvrir. Ils partagèrent leurs histoires et leurs expériences, et Adam et sa famille firent de leur mieux pour les aider et les soutenir.

Adam se rendit compte que même en étant un jeune garçon, il pouvait s'inspirer des prophètes et appliquer leurs enseignements dans sa vie quotidienne. Que ce soit en protégeant les plus vulnérables ou en montrant de la compassion envers les autres, il pouvait faire une différence positive dans le monde.

FIN.

Youssouf et l'Océan Émerveillant

Youssouf était un jeune garçon musulman rempli de joie et de curiosité. Un été, sa famille décida de partir en vacances à la plage pour profiter du soleil, du sable et de la mer. Youssouf était impatient de vivre de nouvelles aventures et de découvrir les merveilles de l'océan.

Lorsqu'il arriva à la plage, Youssouf était émerveillé par la beauté de l'endroit. Il pouvait sentir la brise marine caresser son visage et entendre le doux murmure des vagues. Sa première pensée fut de remercier Allah pour cette création magnifique.

Dès qu'il arriva,il se précipita vers les vagues. Il aimait la sensation de l'eau salée sur sa peau et le frisson de l'adrénaline chaque fois qu'il plongeait sous une vague. Il se préparait à entrer dans l'eau et remarqua un groupe d'enfants qui jouaient avec insouciance. Youssouf décida de se joindre à eux et de partager sa joie avec les autres enfants de la plage.

Pendant qu'ils jouaient, Youssouf était attentif à sa pratique religieuse. Il prenait le temps de faire ses prières, de se rappeler Allah et d'exprimer sa gratitude pour les merveilles de la nature qui l'entouraient. Il se sentait connecté à Allah, même au milieu de la joie et de l'excitation de la plage.

En observant les magnifiques vagues de l'océan, Youssouf se rappela d'une histoire inspirante du prophète Moussa (paix soit sur lui), qui avait traversé la mer Rouge avec son peuple lorsqu'ils fuyaient la tyrannie. Cette histoire lui rappela la puissance et la grandeur d'Allah, ainsi que l'importance de faire confiance à Allah dans les moments difficiles.

De retour chez lui, Youssouf partagea ses expériences avec sa famille et ses amis.

Il les encouragea à apprécier les merveilles de la création d'Allah et à embrasser chaque opportunité d'apprentissage et de croissance, où qu'ils se trouvent.

FIN.

Le brillant chemin de Sofiane

Depuis son plus jeune âge, Sofiane était doté d'une intelligence hors du commun et d'une curiosité insatiable. Il se démarquait par sa capacité à comprendre rapidement les concepts complexes et à poser des questions perspicaces.

Un jour, alors qu'il était assis à la table du dîner avec sa famille, Sofiane partagea une idée qui venait de germer dans son esprit brillant: "Papa, maman, j'ai une idée ! Je pense que je pourrais utiliser mon intelligence pour aider les autres et rendre le monde meilleur."

Son père, Samir, curieux de savoir ce qui avait suscité une telle réflexion chez son jeune fils, l'encouragea à poursuivre: "Raconte-nous ton idée, Sofiane. Nous sommes tous intéressés de t'entendre."

Sofiane sourit et commença : "Je me suis rendu compte que je pouvais utiliser mes capacités intellectuelles pour résoudre des problèmes sociaux, scientifiques et technologiques. Je veux aider les autres, améliorer les conditions de vie et contribuer à faire progresser notre société."

Sa mère, Fatima, le regarda avec fierté et dit : "C'est une belle intention, mon fils. Comment penses-tu y parvenir ?"

Sofiane répondit avec enthousiasme : "Je vais étudier dur, me concentrer sur mes études et explorer différentes disciplines. Je veux apprendre autant que possible pour développer des solutions innovantes aux problèmes qui nous entourent."

Son grand frère, Karim, sourit et dit : "C'est fantastique, Sofiane ! Tu as un don spécial, et je suis sûr que tu pourras faire une réelle différence dans le monde. Je serai là pour te soutenir à chaque étape de ton parcours."

Au fil des années, Sofiane continua à se consacrer à son éducation. Il lisait des livres, faisait des recherches et posait des questions à ses enseignants. Sa soif de connaissances semblait insatiable, et il cherchait constamment de nouvelles opportunités pour développer ses compétences.

Un jour, alors qu'il était à la bibliothèque, Sofiane rencontra un savant musulman renommé. Ils engagèrent une conversation fascinante, discutant de sujets allant de la philosophie à la technologie. Le savant partagea des récits inspirants de chercheurs et d'intellectuels qui avaient utilisé leurs talents pour apporter des changements significatifs dans le monde.

Ces conversations approfondirent la détermination de Sofiane à utiliser son intelligence pour le bien de l'humanité. Il comprenait que son potentiel était illimité et que ses connaissances pouvaient être un moyen de servir Allah et d'aider ses semblables.

De retour chez lui, Sofiane partagea son expérience avec sa famille. Son père, Samir, était rempli de fierté et lui dit : "Mon fils, tu es béni avec un esprit brillant. Utilise cette intelligence avec sagesse et humilité, et n'oublie jamais de mettre ta foi et tes valeurs au cœur de tout ce que tu entreprends."

Sofiane acquiesça et dit : "Papa, je promets de rester fidèle à nos valeurs et à ma foi musulmane tout au long de mon parcours. Je sais que le savoir et la sagesse ne sont rien sans l'éthique et la bienveillance envers les autres."

Sa sœur, Amina, qui avait écouté attentivement la conversation, s'approcha de Sofiane et dit : "Je suis fière de toi, mon frère. Je suis convaincue que tu réussiras à faire  une différence dans le monde. Souviens-toi toujours de rester humble et de garder ton cœur ouvert à ceux qui ont besoin de ton aide."

Au fur et à mesure que Sofiane grandissait, il se plongea dans ses études et ses recherches, travaillant avec acharnement pour développer des idées novatrices. Il consacra son temps libre à des projets communautaires et à des  initiatives sociales visant à améliorer la vie des plus démunis.

Au fil des années, Sofiane devint un intellectuel respecté, reconnu pour ses contributions dans des domaines tels que la technologie, l'éducation et l'innovation sociale. Mais malgré son succès, il resta humble et reconnaissant envers Allah pour les dons qu'Il lui avait accordés.

FIN.

Motivation 2

« Sois courageux face aux défis! »

« Cher petit champion des défis! La vie peut parfois être difficile, mais ne t'inquiète pas. Fais preuve de courage et ne laisse pas la peur t'arrêter. Quand tu fais face à un défi, respire profondément, pense positivement et essaie ton mieux. Tu peux le faire ! »

Khadija, L'étoile brillante

Il était une fois, dans une petite ville, une charmante petite fille musulmane prénommée Khadija. Elle était connue pour sa vive intelligence et son amour inconditionnel envers sa famille. Depuis son plus jeune âge, Khadija se démarquait par sa curiosité insatiable et sa soif de connaissances.

Khadija avait une relation étroite avec sa mère, Aisha. Un jour, alors qu'elles préparaient le dîner ensemble, Khadija posa une question à sa mère: "Maman, pourquoi est-il si important d'être intelligent ?"

Aisha, posa la cuillère qu'elle tenait dans la main et sourit tendrement à Khadija. Elle lui répondit doucement : "Ma chérie, l'intelligence est un don précieux que nous devons cultiver et utiliser de manière positive. Elle nous permet d'apprendre, de comprendre le monde qui nous entoure, de résoudre des problèmes et d'aider les autres. C'est une merveilleuse qualité à posséder." Les yeux de Khadija s'illuminèrent alors qu'elle assimilait les paroles de sa mère. "Je veux être intelligente, maman, pour aider notre famille et rendre papa et toi fiers de moi", dit-elle avec détermination.

Aisha s'approcha de sa fille. "Ma chérie, tu es déjà intelligente et nous sommes fiers de toi. Mais souviens-toi que l'intelligence ne se limite pas seulement aux connaissances académiques. C'est aussi la capacité à comprendre les autres, à faire preuve de compassion et à utiliser tes compétences pour apporter une contribution positive à la communauté."

Le père de Khadija, Ibrahim, qui avait entendu leur conversation, s'approcha d'elles avec un sourire chaleureux. "Khadija, l'intelligence est un don, mais c'est aussi une responsabilité. Nous devons l'utiliser avec sagesse, humilité et bienveillance envers les autres. Nous devons toujours chercher à grandir en tant qu'êtres humains et à aider ceux qui sont dans le besoin."

Khadija acquiesça avec enthousiasme et dit : "Je promets de toujours utiliser mon intelligence pour aider les autres et faire de notre famille une source de fierté."

Au fil des années, Khadija continua à grandir et à s'épanouir. Elle se plongea dans ses études, lisant des livres, posant des questions pertinentes et partageant ses connaissances avec sa famille. Sa soif de savoir ne connaissait pas de limites.

Elle se distingua particulièrement à l'école, où ses enseignants la remarquèrent pour sa perspicacité et son esprit vif. Elle aimait participer aux discussions en classe, posant des questions stimulantes et partageant des idées nouvelles. Ses camarades de classe l'admiraient pour son intelligence et son soutien constant.

Khadija n'était pas seulement brillante sur le plan académique, mais elle était également dotée d'une grande générosité de cœur. Elle aimait aider ses frères et sœurs dans leurs devoirs et était toujours prête à partager ses connaissances avec eux.

Un soir, alors que Khadija était assise à la table du salon en train de lire, son petit frère Ahmed entra en courant avec son cahier de
mathématiques
à la main. Il était perplexe face à un problème complexe et avait besoin d'aide.

Khadija posa son livre de côté et accueillit Ahmed avec un sourire chaleureux. "Ne t'inquiète pas, Ahmed. Je vais t'aider à comprendre ce problème de mathématiques", dit-elle gentiment.

Pendant les heures qui suivirent, Khadija prit le temps d'expliquer patiemment à Ahmed les concepts mathématiques, utilisant des exemples concrets et des astuces mnémotechniques pour faciliter sa compréhension. Ahmed s'éclaira progressivement et son visage s'illumina de joie.

"Merci, Khadija ! Tu es vraiment la meilleure grande sœur du monde", s'exclama Ahmed avec enthousiasme.

La famille de Khadija était témoin de sa brillante intelligence, de son amour pour sa famille et de sa volonté d'aider les autres. Ils étaient fiers de la façon dont elle utilisait ses connaissances pour rendre service et contribuer à leur bien-être.

Au fil des années, Khadija devint une jeune femme accomplie, aussi bien sur le plan intellectuel que moral. Elle continua à poursuivre ses études avec passion, toujours avide d'apprendre et de grandir en tant qu'individu. Sa famille l'encourageait et la soutenait dans tous ses projets, reconnaissant l'immense potentiel qu'elle possédait.

Mais au-delà de ses accomplissements académiques, Khadija restait profondément enracinée dans sa foi et sa spiritualité. Elle consacrait du temps chaque jour à la prière et à la réflexion, cherchant à renforcer sa relation avec Allah et à suivre les enseignements du prophète Mohammed (paix soit sur lui).

FIN.

Yasmine et Assil au supermarché

Il était une fois, dans une paisible ville, deux petites filles musulmanes adorables prénommées Yasmine et Assil. Elles étaient connues pour leur intelligence, leur respect et leur gentillesse envers les autres. Un samedi matin ensoleillé, leur mère, Malika, décida d'emmener ses filles au supermarché pour faire les courses de la semaine.

Alors qu'elles entraient dans le supermarché, Yasmine et Assil s'approchèrent de leur mère et Yasmine demanda : "Maman, puis-je pousser le chariot aujourd'hui ? J'ai envie d'aider."

Malika sourit et acquiesça : "Bien sûr, ma chérie. C'est une excellente idée. Assil, tu peux aider en cherchant les articles sur la liste pendant que Yasmine pousse le chariot."

Yasmine prit fièrement les rênes du chariot et commença à avancer dans les allées du supermarché. Assil, enthousiaste, prit la liste des courses et se mit à la recherche des articles nécessaires.

Pendant qu'elles se déplaçaient dans le supermarché, Yasmine remarqua une dame âgée qui avait du mal à atteindre un article en haut de l'étagère. Elle s'arrêta et dit à Assil : "Attends ici un instant, Assil. Je vais aider cette dame."

Yasmine s'approcha doucement de la dame et lui demanda poliment : "Excusez-moi, madame. Puis-je vous aider à attraper cet article ?" La dame, touchée par la gentillesse de Yasmine, sourit chaleureusement et accepta son aide. Yasmine attrapa l'article et le donna à la dame qui la remercia sincèrement.

Pendant ce temps, Assil avait remarqué un enfant qui semblait perdu près des rayons des bonbons. Elle s'approcha de lui avec douceur et lui demanda s'il avait besoin d'aide. L'enfant lui dit qu'il ne trouvait pas ses parents.

Sans hésiter, Assil prit la main de l'enfant et lui dit : "Ne t'inquiète pas, je vais t'aider à retrouver tes parents. Reste avec moi."

Elles commencèrent à chercher les parents de l'enfant dans le magasin. Finalement, elles les trouvèrent près des caisses, inquiets de ne pas voir leur enfant. Les parents remercièrent Assil pour son aide précieuse et furent soulagés de retrouver leur enfant sain et sauf.

Malika, qui observait discrètement la scène, était remplie de fierté envers ses deux filles. Elle les rejoignit et leur dit : "Yasmine et Assil, je suis tellement fière de vous. Vous avez montré de la gentillesse, du respect et de l'aide envers les autres. C'est ça être des personnes géniales."

Les yeux de Yasmine et Assil s'illuminèrent de joie en entendant les mots de leur mère. Elles comprirent que leurs actes de bonté pouvaient faire une réelle différence dans la vie des autres.

En poursuivant leurs courses, Yasmine et Assil continuèrent à interagir avec les autres clients du supermarché, offrant leur aide et échangeant des sourires chaleureux. Leur attitude positive et bienveillante se propagea dans le magasin, créant une ambiance agréable et amicale.

En quittant le supermarché, Malika prit Yasmine et Assil dans ses bras et les remercia pour leur comportement exemplaire. Elle leur dit : "Mes chéries, vous êtes des filles spéciales. Continuez à être respectueuses, généreuses et aimantes envers les autres. Vous pouvez changer le monde avec vos petites actions."

Yasmine et Assil sourirent, sachant qu'elles avaient le pouvoir de faire une différence, même dans les petites choses de la vie quotidienne. Elles comprirent que l'amour et le respect envers les autres étaient des valeurs précieuses qu'elles porteraient toujours dans leur cœur.

FIN.

Les frères jumeaux

Il était une fois, dans une petite ville, deux frères jumeaux musulmans adorables prénommés Amir et Mehdi. Ils étaient connus pour leur intelligence, leur détermination, leur gentillesse et leur respect envers les autres. Leur histoire inspirante se déroule dans le cadre de leur école, où ils font preuve de générosité et d'entraide avec leurs camarades.

Amir et Mehdi étaient deux élèves brillants, toujours prêts à relever de nouveaux défis. Ils étaient constamment en quête de connaissances et s'efforçaient d'exceller dans leurs études.

Leur attitude positive et leur désir d'apprendre étaient contagieux, suscitant l'admiration de leurs enseignants et de leurs camarades de classe.

Un matin, alors qu'ils se préparaient pour l'école, Amir remarqua que Mehdi semblait un peu préoccupé. Il s'approcha de lui et demanda : "Qu'est-ce qui ne va pas, Mehdi ? Tu as l'air soucieux."

Mehdi soupira et répondit : "J'ai du mal avec les mathématiques en ce moment, Amir. Les fractions me posent problème, et je ne suis pas sûr de pouvoir les comprendre."

Amir sourit chaleureusement et dit : "Ne t'inquiète pas, Mehdi. Je suis là pour t'aider. Les fractions peuvent sembler déroutantes, mais avec un peu de pratique, tu les maîtriseras. Viens, je vais t'expliquer quelques astuces que j'ai apprises."

Mehdi se sentit soulagé en sachant qu'il pouvait compter sur l'aide de son frère. Ensemble, ils se mirent à étudier les fractions, utilisant des exemples concrets et des exercices pratiques pour renforcer la compréhension de Mehdi.

Quelques jours plus tard, Mehdi montra des signes d'amélioration dans sa compréhension des fractions. Ses notes s'améliorèrent et sa confiance en lui grandit. Il était reconnaissant envers Amir pour son soutien constant.

Cependant, les deux frères ne se limitaient pas à aider uniquement l'un l'autre. Ils étaient également connus pour leur gentillesse envers leurs camarades de classe. Un jour, ils remarquèrent que leur amie, Sara, avait du mal à organiser ses idées pour un exposé oral. Amir s'approcha d'elle et dit: "Sara, tu sembles avoir besoin d'aide pour ton exposé. Mehdi et moi sommes prêts à t'assister. Nous pouvons te donner des conseils pour structurer tes idées et t'entraîner à présenter ton exposé de manière fluide."

Sara fut touchée par leur offre généreuse et accepta volontiers leur aide. Les trois amis se réunirent après les cours et travaillèrent ensemble sur l'exposé de Sara. Amir et Mehdi lui donnèrent des conseils précieux et l'encouragèrent à exprimer ses idées avec confiance.

Le jour de la présentation, Sara se sentait plus préparée que jamais. Grâce à l'aide d'Amir et de Mehdi, elle réussit brillamment son exposé et reçut des éloges de la part de l'enseignant et des autres élèves. La gratitude de Sara envers les deux frères était immense.

Amir et Mehdi ne se limitèrent pas à aider leurs camarades en classe. Ils montraient également leur respect et leur gratitude envers les membres du personnel de l'école. Lors de la journée de reconnaissance du personnel, ils préparèrent des cartes de remerciement et des petits cadeaux pour les enseignants, les gardiens et les autres employés de l'école.

Leur geste touchant fut très apprécié par le personnel de l'école, qui exprima sa gratitude envers les deux frères pour leur gentillesse et leur reconnaissance.

FIN.

Le Triomphe de la Fratrie

Dans une petite maison chaleureuse située au cœur d'une paisible ville, deux frères musulmans nommés Ilyes et Mehdi, ainsi que leur sœur cadette, Ritej. Ces trois enfants étaient réputés pour leur intelligence et leur gentillesse, mais surtout pour leur courage inébranlable, même lorsqu'ils étaient confrontés à des moments effrayants au moment du coucher.

Leur histoire inspirante se déroule au moment où ils doivent affronter leurs peurs les plus profondes et trouver la force en eux-mêmes pour les surmonter, tout en se soutenant mutuellement avec des dialogues réconfortants.

Chaque soir, lorsque le soleil disparaissait à l'horizon et que les étoiles brillaient dans le ciel, Ilyes, Mehdi et Ritej se préparaient pour la nuit. Mais dès que les lumières s'éteignaient, leurs esprits se remplissaient d'imaginaires créatures effrayantes et de bruits mystérieux qui semblaient résonner dans le silence de leur chambre.

Un soir, alors qu'ils se préparaient à dormir, Ilyes se tourna vers ses frères et sa sœur et dit d'une voix ferme : "Nous ne pouvons pas laisser nos peurs nous dominer. Ensemble, nous pouvons être plus forts et surmonter tous les défis."

Mehdi hocha la tête et ajouta : "C'est vrai, Ilyes. Nous sommes des enfants intelligents et courageux. Nous ne laisserons pas la peur nous vaincre."

Ritej, un peu anxieuse mais déterminée, murmura : "Nous devons trouver un moyen de nous soutenir mutuellement et de faire face à nos peurs ensemble."

Les trois frères et sœur se donnèrent la main et commencèrent à réciter des versets du Coran pour chercher la protection divine et demander à Allah de les aider à trouver le courage nécessaire. Puis, ils entamèrent leur dialogue réconfortant.

Ilyes dit : "Les ombres ne sont que des jeux de lumière, Mehdi. Fermons les yeux et imaginons que nous sommes des super-héros capables de les repousser."

Mehdi répondit avec détermination : "Tu as raison, Ilyes. Et Ritej, rappelle-toi que les bruits étranges ne sont que le vent qui s'engouffre dans le grenier. Pensons à des choses joyeuses et apaisantes pour contrer nos craintes."

Ritej, cherchant le réconfort dans les mots de ses frères, dit timidement : "Je vais penser à notre maman qui nous protège toujours. Les monstres ne peuvent rien contre son amour."

Ainsi, chaque soir, ils se soutenaient mutuellement avec des dialogues réconfortants. Ils partageaient leurs stratégies pour combattre leurs peurs, comme respirer profondément, imaginer des endroits paisibles et se rappeler qu'ils étaient entourés d'amour.

Peu à peu, les ombres perdirent de leur puissance, les bruits du grenier s'estompèrent et les monstres sous le lit de Ritej s'évanouirent.

Les frères et sœur avaient découvert qu'en se soutenant mutuellement et en utilisant leur imagination, ils pouvaient transformer leurs peurs en pensées positives.

Un soir, alors qu'ils s'allongeaient dans leur lit, Ilyes sourit et dit avec fierté : "Regardez, mes chers, nos peurs ne nous contrôlent plus. Nous avons trouvé le courage en nous-mêmes."

Mehdi acquiesça et dit :
"Nous sommes de véritables héros. Nous avons surmonté nos peurs ensemble, et rien ne peut nous arrêter."

Ritej, avec un sourire radieux, ajouta : "Nous avons appris que la vraie force réside dans notre amour et notre soutien mutuel. Ensemble, nous sommes invincibles."

Et ainsi, les trois enfants s'endormirent paisiblement, enveloppés de l'amour et de la sérénité qu'ils s'étaient mutuellement apportés. Leur histoire inspirante de courage et de soutien fraternel nous rappelle que même face aux peurs les plus intenses, nous pouvons trouver la force en nous-mêmes et dans les liens familiaux qui nous unissent.

FIN.

Motivation 3

« Apprends de nouvelles choses! »

« Cher petit explorateur! Le monde est rempli de découvertes passionnantes. Sois curieux et ouvert à de nouvelles expériences. Essaye de nouvelles activités, découvre de nouveaux livres et joue avec tes amis. Tu apprendras beaucoup de choses intéressantes en explorant le monde qui t'entoure. »

Les Pas Courageux de Yaniss

Dans une paisible petite ville, vivait un enfant musulman courageux du nom de Yaniss. Malgré son jeune âge, Yaniss était connu pour sa détermination et son audace face aux défis qui se présentaient à lui. Chaque jour, il se réveillait avec une détermination inébranlable, prêt à affronter les obstacles et à poursuivre ses rêves.

Un matin ensoleillé, Yaniss se réveilla avec une détermination nouvelle. Il était prêt à affronter tous les obstacles qui se dresseraient sur son chemin. Il se rendit au parc, son ballon de football à la main, et commença à s'entraîner avec passion.

Alors qu'il jonglait avec le ballon, un autre garçon, Amir, s'approcha de lui. Amir était un peu plus âgé et admirait la persévérance de Yaniss. Il s'approcha et dit : "Salut Yaniss, je t'ai regardé t'entraîner pendant un moment. Tu es vraiment doué !"

Yaniss sourit et répondit : "Merci, Amir ! Je m'entraîne dur pour atteindre mon rêve de devenir joueur de football professionnel. Mais parfois, cela semble difficile."

Amir hocha la tête et dit : "Je comprends. Mais le vrai courage réside dans la persévérance, même lorsque les choses deviennent difficiles.
Tu as ce qu'il faut pour réussir, Yaniss. Ne laisse jamais la peur te détourner de ton chemin."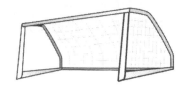

Encouragé par les paroles d'Amir, Yaniss se sentit revigoré. Il continua à s'entraîner avec un nouvel élan. Alors qu'il dribblait le ballon, il entendit une voix familière l'appeler. C'était sa sœur, Lina, qui venait le soutenir.Lina s'approcha de lui et dit : "Yaniss, tu es incroyable ! Je t'ai vu jongler et dribbler avec une telle aisance. Tu as vraiment du talent."

Yaniss sourit humblement et répondit : "Merci, Lina. Mais parfois, je doute de moi-même. J'ai peur de ne pas être à la hauteur de mes rêves."

Lina posa doucement sa main sur l'épaule de Yaniss et dit avec détermination : "Écoute, Yaniss, je crois en toi. Ne laisse jamais les doutes te décourager. Tu as un cœur courageux et tu es prêt à travailler dur. Je suis certaine que tu réaliseras tes rêves."

Les paroles d'encouragement d'Amir et de Lina résonnaient dans l'esprit de Yaniss. Il se rendit compte que le véritable courage ne résidait pas seulement dans les actions audacieuses, mais aussi dans la capacité à surmonter les doutes et les peurs qui se dressaient sur son chemin.

Avec un nouveau regain de confiance, Yaniss continua à s'entraîner sans relâche. Chaque jour, il repoussait ses limites, améliorant ses compétences et sa technique. Les défis ne faisaient que renforcer sa détermination.

Un jour, Yaniss eut l'opportunité de participer à un essai pour rejoindre une équipe de jeunes talents. Il était à la fois excité et nerveux. Il se souvint des paroles inspirantes d'Amir et de sa sœur Lina, qui l'avaient soutenu tout au long de son parcours.

Pendant l'essai, Yaniss joua avec passion et détermination. Son talent naturel et sa persévérance furent remarqués par les entraîneurs présents. À la fin de la journée, Yaniss reçut une bonne nouvelle : il avait été sélectionné pour faire partie de l'équipe.

Les larmes de joie inondaient les yeux de Yaniss alors qu'il partageait la nouvelle avec sa famille. Ses parents, fiers de son courage et de son travail acharné, le félicitèrent chaleureusement.

Yaniss réalisa que son parcours avait été marqué par le courage, la persévérance et le soutien de sa famille et de ses amis. Il comprit que le véritable courage ne se mesure pas seulement dans les exploits physiques, mais aussi dans la force intérieure et la détermination à poursuivre ses rêves malgré les obstacles.

FIN.

Le Chemin d'Obéissance

Il était une fois, dans une charmante ville, deux enfants musulmans formidables du nom de Rayan et Djamila. Connus pour leur obéissance et leur respect envers leurs parents, ils étaient des modèles pour ceux qui les entouraient.

Rayan et Djamila grandissaient dans un foyer aimant, entourés de l'affection de leurs parents. Leur mère et leur père leur enseignaient des valeurs fondamentales telles que la bienveillance, le respect et l'importance de l'obéissance envers les aînés.

Un après-midi ensoleillé, Rayan et Djamila rentrèrent de l'école, excités de raconter leur journée à leurs parents. Alors qu'ils s'installaient à la table de la cuisine, leur mère sourit et leur dit : "Mes chers enfants, je suis fière de vous. Vos enseignants ont loué votre obéissance et votre respect envers eux et vos camarades de classe."

Rayan et Djamila échangèrent un regard de complicité. Rayan demanda : "Maman, pourquoi est-il si important d'obéir à nos parents ?"

Leur mère les regarda avec tendresse et répondit : "Mes chéris, l'obéissance envers vos parents est une valeur essentielle dans notre religion et dans la vie en société. Nous vous guidons sur le chemin de la droiture et de la réussite. En vous obéissant, vous apprenez à respecter les règles, à être disciplinés et à grandir en tant que personnes responsables."

Djamila ajouta : "Mais maman, parfois nous ne comprenons pas pourquoi nous devons faire certaines choses. Comment pouvons-nous apprendre à obéir sans poser de questions ?"

Leur père, qui les écoutait attentivement, prit la parole : "Mes chers enfants, il est naturel de poser des questions et de vouloir comprendre. Lorsque vous avez des doutes, nous sommes là pour vous expliquer et vous guider. Vous pouvez exprimer vos préoccupations avec respect et nous vous aiderons à comprendre les raisons derrière nos décisions."

Rayan réfléchit un instant, puis dit avec détermination : "Je veux être un enfant obéissant, papa. Je veux suivre vos conseils et grandir en respectant nos valeurs familiales."

Leur mère sourit et les enveloppa de ses bras. "Mes chéris, nous sommes bénis de vous avoir comme enfants. Votre obéissance et votre respect nous remplissent de fierté et renforcent les liens familiaux. En agissant ainsi, vous développez également votre relation avec Allah, en respectant Ses commandements et en vous rapprochant de Lui."

Depuis ce jour, Rayan et Djamila s'efforcèrent d'être des enfants obéissants, attentifs aux enseignements de leurs parents. Ils comprirent que leur obéissance était une expression de leur amour, de leur gratitude et de leur confiance envers leurs parents et envers Allah.

FIN.

Motivation 4

« Écoute et respecte tes parents! »

« Cher petit obéissant! Tes parents sont là pour te guider et te protéger. Écoute attentivement ce qu'ils te disent et suis leurs instructions. Respecte leurs règles et leurs décisions, même si tu ne les comprends pas toujours. En écoutant et en respectant tes parents, tu développeras une relation de confiance avec eux et tu grandiras en tant que personne responsable. »

Badis, La Vérité Inspirante

Dans un paisible quartier résidentiel, vivait un garçon nommé Badis, un jeune musulman aimé de tous pour sa gentillesse et son intégrité. Il était réputé pour sa sincérité et sa capacité à toujours dire la vérité, peu importe les circonstances.

Un jour, Badis se trouvait à l'école avec ses amis. Pendant la pause déjeuner, un incident se produisit dans la classe. Le tableau blanc interactif, utilisé par les enseignants pour donner des cours, avait soudainement cessé de fonctionner. Les élèves étaient perplexes et se demandaient ce qui s'était passé.

Le professeur, M. Ahmed, entra dans la salle de classe et demanda : "Qui a touché au tableau blanc interactif ?" Les élèves se regardèrent les uns les autres, cherchant à éviter de se faire prendre.

Cependant, Badis, fidèle à sa réputation, se leva et dit : "Monsieur, c'est moi. J'ai accidentellement renversé mon verre d'eau sur le tableau blanc interactif."

Les autres élèves étaient surpris par la franchise de Badis. M. Ahmed le regarda avec admiration et dit : "Badis, je suis fier de toi pour ta sincérité. Les accidents peuvent arriver, mais c'est courageux de ta part d'admettre ta responsabilité."

Badis sourit modestement et dit : "Monsieur, je pense qu'il est important d'être honnête, même lorsque nous faisons des erreurs. C'est ainsi que nous grandissons et apprenons de nos actions."

M. Ahmed acquiesça et remercia Badis pour son attitude exemplaire.

Il lui demanda de l'aider à nettoyer le tableau blanc interactif et expliqua aux autres élèves l'importance de l'honnêteté et de la responsabilité.

Au fil du temps, la réputation de Badis en tant que garçon honnête et sincère se renforça. Les enseignants et les camarades de classe se tournaient souvent vers lui pour obtenir des conseils et des opinions franches. Badis était respecté pour sa droiture et sa capacité à dire la vérité, même lorsque cela était difficile.

Cette qualité de Badis eut également un impact positif profond sur ses relations personnelles. Ses amis et camarades de classe savaient qu'ils pouvaient lui faire confiance. Sa réputation d'être toujours honnête et sincère se répandit rapidement, ce qui lui valut le respect et l'admiration de ceux qui l'entouraient.

Les amitiés de Badis se renforcèrent grâce à son intégrité. Ses amis savaient qu'ils pouvaient compter sur lui pour leur dire la vérité, même si elle était parfois difficile à entendre. Qu'il s'agisse de conseils, d'opinions ou de réactions, Badis était toujours franc et authentique. Cette transparence créait un lien de confiance solide entre lui et ses amis, car ils savaient qu'il ne dissimulerait jamais la vérité pour préserver leur relation.

Badis était également conscient de l'impact de ses paroles sur les autres. Il savait que la vérité pouvait parfois être blessante, mais il veillait toujours à l'exprimer avec compassion et respect. Il trouvait des mots justes pour transmettre la réalité sans blesser les sentiments des autres.

Sa droiture et son honnêteté étaient une source d'inspiration pour ses proches. Ils reconnaissaient en Badis un exemple vivant de l'importance de l'intégrité et de la vérité dans la vie quotidienne. Sa manière d'être éclairée par sa conviction de toujours dire la vérité était comme une lumière qui éclairait son chemin et guidait les autres sur la voie de l'honnêteté et de la droiture.

FIN.

Amina, La Prudence Éclairée

Dans une petite ville, vivait une adorable petite fille musulmane prénommée Amina. Amina était une fillette pleine de curiosité et d'intégrité. Elle aimait jouer avec ses amis et apprenait de ses parents à être prudente avec les étrangers.

Un jour, alors qu'Amina jouait dans le parc avec son amie Sara, une personne inconnue s'approcha d'elles.

L'homme sourit et dit : "Bonjour les filles, je suis Ahmed. J'ai quelque chose de spécial à vous donner. C'est un cadeau pour vous."

Amina regarda l'homme avec méfiance et se tourna vers Sara. Elle chuchota : "Sara, je ne connais pas cet homme. Je ne suis pas sûre de vouloir accepter ce qu'il nous offre."

Sara était plus naïve et curieuse. Elle dit à Amina : "Mais il semble gentil, Amina. Peut-être que c'est un cadeau surprise pour nous. Qu'est-ce qui pourrait mal se passer ?"

Amina réfléchit un instant et répondit : "Je comprends ton point de vue, Sara, mais ma mère m'a toujours dit de ne jamais accepter des choses d'étrangers. Je pense que nous devrions rester prudents."

Ahmed, voyant l'hésitation d'Amina, essaya de la convaincre en disant : "Ne vous inquiétez pas les filles, c'est un cadeau innocent. Je veux simplement faire plaisir aux enfants du quartier."

Amina se tourna vers Ahmed et dit d'une voix calme mais ferme : "Je vous remercie pour votre gentillesse, monsieur Ahmed, mais nous devons respecter les règles de sécurité. Je ne peux pas accepter votre cadeau, car ma mère m'a toujours dit de ne pas accepter des choses de personnes que je ne connais pas."

Ahmed comprit la prudence d'Amina et sourit : "Je comprends, Amina. Vous êtes une fille sage et responsable. Continuez à être vigilante et à écouter vos parents. C'est très important."

Amina et Sara remercièrent Ahmed pour sa compréhension et continuèrent à jouer dans le parc. Amina se sentait soulagée d'avoir écouté son instinct et d'avoir pris une décision prudente.

Plus tard, Amina rentra chez elle et raconta à sa mère ce qui s'était passé. Sa mère la félicita pour sa prudence et lui expliqua à nouveau l'importance de ne pas accepter des choses de personnes inconnues.

Ce jour-là, Amina apprit une leçon précieuse qui marqua son esprit pour toujours. Elle comprit que l'importance d'être vigilante et de ne pas se laisser influencer par des étrangers, peu importe les circonstances, était une leçon de vie précieuse qui allait la guider tout au long de son parcours.

Cette expérience lui rappela l'importance d'écouter les conseils sages de ses parents. Leur sagesse et leur expérience lui fournissaient une boussole pour naviguer à travers les aléas de la vie.

Amina apprit à accorder une attention particulière à leurs avertissements et à leur guidance, car elle comprenait désormais que leur intention était de la protéger et de la préserver des dangers potentiels.

La prudence devint une qualité essentielle pour Amina. Elle apprit à évaluer les situations avec discernement et à faire preuve de vigilance lorsqu'elle se trouvait en présence de personnes inconnues ou de circonstances suspectes. Elle comprenait que la confiance devait être gagnée et que sa sécurité et son bien-être devaient toujours être sa priorité.

FIN.

Leila, L'Étoile Bienveillante

Dans une paisible maison, vivait une jeune fille musulmane appelée Leila. Leila était une fille attentionnée et aimante envers sa famille. Elle avait appris de sa mère, Amira, l'importance d'aider à la maison et d'être responsable.

Un jour ensoleillé, alors que les rayons chauds du soleil entraient par les fenêtres, Amira se trouvait dans la cuisine occupée à préparer le dîner pour toute la famille. Leila, observant le dévouement de sa maman, s'approcha d'elle avec douceur: "Maman, puis-je t'aider ?" demanda Leila avec un sourire bienveillant.
"Je veux alléger ta charge et te montrer combien je tiens à toi."

Amira, touchée par la gentillesse de sa fille, lui adressa un regard empreint de tendresse. "Oh, ma chérie, c'est si aimable de ta part de proposer ton aide. Je serais ravie que tu m'accompagnes dans la préparation de la salade. Viens, nous allons choisir les légumes frais du jardin."

Leila acquiesça avec enthousiasme et enfila son tablier. Ensemble, elles se dirigèrent vers le jardin où elles cueillirent des légumes colorés et savoureux. De retour dans la cuisine, Leila prit une planche à découper et un couteau, prête à aider sa maman avec diligence.

Pendant ce temps, le père de Leila, Jamal, rentra du travail et fut surpris de découvrir sa fille aux côtés d'Amira, occupée à couper les légumes avec précaution. Le sourire qui se dessina sur le visage de Jamal était empli de fierté.

"Leila, ma chère fille, je suis profondément fier de toi", dit Jamal en s'approchant d'elle. "C'est merveilleux de te voir apporter ton soutien à ta maman de cette manière."

Leila, légèrement rougissante, leva les yeux vers son père et répondit : "Merci, papa. Je souhaite montrer à maman combien je l'apprécie et à quel point je tiens à elle en lui offrant mon aide."

Jamal posa doucement sa main sur l'épaule de Leila, exprimant ainsi son amour et sa gratitude. "Ma chère Leila, tu es une fille exceptionnelle. Ton altruisme et ta gratitude envers Amira sont des qualités précieuses. Continue d'être cette personne attentionnée et généreuse que tu es."

Leila se sentit réchauffée par les mots de son père et s'empressa de terminer de couper les légumes avec soin. Ensemble, elles préparèrent un délicieux dîner, rempli de saveurs et de l'amour qu'elles partageaient.

Ce soir-là, pendant le repas, Jamal raconta à toute la famille à quel point Leila avait été une aide précieuse pour Amira. Il souligna son sens des responsabilités et son amour pour sa famille, suscitant ainsi l'admiration de tous.

Leila, ressentant la fierté de sa maman et l'affection de son père, se rendit compte que l'amour et l'entraide au sein de la famille étaient des piliers de leur foi et des valeurs qu'elle chérissait.

Depuis ce jour, Leila continua d'apporter son aide à Amira avec joie et dévouement. Son amour inconditionnel et son sens des responsabilités étaient une source d'inspiration pour sa famille et pour tous ceux qui l'entouraient.

FIN.

Printed in France by Amazon
Brétigny-sur-Orge, FR